처음 사랑했던 그날처럼

김선민

― 처음 사랑했던 그날처럼

작가소개

김선민

사랑과 이별을 담은 글을 쓴다.
현재 사랑하고 있는 이들에게는 더 애틋한 사랑이 될 수 있는
지나간 사랑을 그리워하는 이들에게는
함께 눈물 흘려줄 수 있는 마음을 쓴다.
여전히 삶과 사랑을 고민하며 살고 있다.
'이별시인' 이라는 이름으로 이별 곡 <사랑에서 이별까지>,
<눈물도 가려주더라>을 작사했고
책 <이별 후에 읽는 시>(2016년)를 썼다.
인스타그램 계정을 통해
글과 책을 사랑하는 사람들과 활발히 소통하고 있다.
이외에도 책과 독자, 저자와 출판사를 연결하는
'뉴스토리북스'를 운영하면서
책을 좋아하는 여러 다양한 분야의 사람들과
관련 정보를 공유 중이다.

인스타그램 김선민: @newstoryentertainment
뉴스토리북스: @newstorbooks

프롤로그

사람들은 사랑을 할 때
모든 것을 주면 안된다고 말한다
자신의 아픈 경험으로 말해주는 진심을
그 의미를 안다

모든 것을 주면 안되는 사랑은 무엇일까?
그 사랑은 헤어짐을 생각하는 사랑이 아닐까 싶다
모든 것을 주면 헤어진 후에 많이 아프니까

헤어진다는 생각을 하면서
사랑을 하는 것만큼 슬픈 사랑은 없다
슬픈 사랑보다 시간이 지나도
늘 애틋한 사랑을 할 수 있는 방법은 없을까?

처음 사랑했던 그날처럼
사랑을 한다면 어떻게 될까?
처음 그날을 잊지 않고
서로를 이해하고 기억하고
그렇게 사랑한다면

2019년 김선민

一

차례

기다려왔던 사랑이기에 ······ 14
계절 季節 ······ 16
거울 앞에서 ······ 18
선물 ······ 20
나, 네 앞에 있어 ······ 22
사랑받고 있구나 ······ 24
사랑하고 있구나 ······ 26
내 마음 알지? ······ 28
행복한 순간들 ······ 30
니 생각 ······ 32
여기 어떻게 알았어? ······ 34
널 만난 후부터 ······ 36
약속 ······ 38
너에게 고맙다 ······ 40
내가 그리고 당신이 ······ 42
기다려준 너에게 ······ 44
미안해라는 말보다 ······ 46
무슨 일이 있어도 우리 ······ 48
그럴 때 있잖아 ······ 50
사랑하면 보이는 것들 ······ 52
말 안 해도 알지? ······ 54
너의 아픔을 알게 된 날 ······ 56
관심 觀心 ······ 58
사랑한다면 ······ 60
너를 사랑하는 이유 ······ 62
무소식이 희소식 ······ 64
기억하고 있었어 ······ 66

보고싶었어	68
날씨	70
잘 잤어?	72
봄이 좋은 이유	74
니가 오기 전까지	76
많이 기다렸지	78
손 잡아줘	80
가끔 그런 생각을 해	82
우리	84
마음가짐	86
널 사랑해도 될까?	88
너라서 사랑해	90
이럴 거면	92
기억나?	94
그땐 그랬지	96
좋아해	98
여전히 나는 널 사랑한다	100
단점	102
확실한 마음	104
너라는 위로 慰勞	106
넌 감동이었어	108
바램	110
사랑, 가장 어려운 일	112
당연한 일? 우연한 일?	114
이기심과 이타심	116
사랑은 빛과 같은 것	118
약속 約束	120

사랑이라는 안경	122
한결같이	124
사랑은 둘이 하는 거니까	126
사랑은 관계	128
왜 나 같은 사람을 좋아해?	130
누구나 하나쯤 있지 않아?	132
서로를 위했던 그 때	134
운명 같은 사랑	136
안부 安否	138
정情	140
추억 追憶	142
욕심 慾心	144
마음의 표정	146
행복하다	148
지금 알았어	150
고마워	152
발자국	154
다 지나가겠지?	156
멜로영화	158
사랑할 땐 이유가 없었잖아	160
영혼없는 말	162
이젠 익숙해	164
여전히 넌 사랑스러워	166
사랑스러운 너	168
오늘 너의 하루는 어땠을까?	170
흔들림	172
사과보다 이해	174

간절했던	176
사랑이라는 응원	178
사랑스러운 사람	180
사랑하는지 모르겠어	182
우리 어떻게 만났지?	184
정 때문에	186
너의 목소리	188
마음 그릇	190
미안해	192
모든 것을 다 주지는 마	194
우리 진짜 잘 맞는다	196
너와 나로 채워가는 것	198
부족함	200
구름 위	202
내 첫 인상 어땠어?	204
어제 그리고 내일	206
기적 異跡	208
일상의 행복	210
방전 妨電	212
특별한 사람	214
스마일	216
다 싫어	218
든든해	220
참 많이 아팠다	222
잠들기 전	224
사랑해 좋아해 고마워	226
너	228

연락	230
표현	232
힘든 일	234
함께하자	236
변했나봐	238
밤하늘	240
맛집탐방	242
사랑하면 다 되는줄	244
무관심	246
네가 먼저	248
하늘이 가장 예쁠 때	250
두려움	252
있잖아	254
기분좋은 생각	256
함께	258
행복	260
모든 걸 다 줄게	262
특별한 날	264
고맙다	266
참 예쁜 마음	268
행복하자	270
아쉬운 일	272
좋아 죽겠어	274
사랑할 수 있는 기회	276
당연함	278
버티지마	280
너에게 난 뭐야?	282

최선을 다해 ······ 284
너라서 좋다 ······ 286
지금이 참 좋아 ······ 288
궁금하다 ······ 290
너에게 받는 사랑이 좋다 ······ 292
아쉬울 때마다 드는 생각들 ······ 294
사소한 말들 ······ 296
비온다 ······ 298
변함없는 마음 ······ 300
니 생각중이야 ······ 302
얼굴 보여줘 ······ 304
걸음을 멈췄을 때 ······ 306
대화 ······ 308
지금의 우리 ······ 310
탓하기보다 걱정해주는 것 ······ 312
괜찮은 척 ······ 314
우리의 흔적 ······ 316
어렵게 시작한 사랑 ······ 318
마음을 맞추는 일 ······ 320
모든 일에는 끝이 있다 ······ 322
포기하지마 ······ 324
예민함 ······ 326
변하지 않을게 ······ 328
두근거림 ······ 330
마음을 통하는 사이 ······ 332
비오는 날 ······ 334
기억 ······ 336

사랑의 목표	338
노력	340
보고싶은 마음	342
믿어	344
사랑하는 이유	346
다툼	348
시간이 약이야	350
어떤 모습이든	352
기다림	354
믿을게	356
조금만	358
내가 사랑하는 너는	360
책임	362
운명 같은 인연	364
걱정	366
그걸로 괜찮아	368
고민 또 고민	370
소소한 행복	372
내가 아끼는 사람	374
내가 더 사랑하는 것 같아	376
다시 사랑할 수 있을까?	378
있는 그대로 사랑하자	380

기다려왔던 사랑이기에

지나간 사랑에 힘든 시간을 보며
마음을 닫고 살았던 때가 있었다
만나는 사람마다 "괜찮아?", "힘내",
"시간이 약이야"라는 똑같은 말들을 건네며
스쳐지나갈 뿐 그 누구에게도 기댈 수가 없었다

시간이 지나 제법 익숙해진 상처를 안고
조용히 살아가던 날
너는 내 앞에 멈춰서 말없이 나를 바라봐 주었다
그렇게 내 앞에 서있는 네가 좋았고

나를 바라보는 너의 얼굴을 보는 것만으로도
위로가 되었다

사랑하지 않겠다고 굳게 닫아버렸던 마음은
어느새 사랑하고 싶은 생각에 조금씩 틈을 열기 시작했다
손가락 하나 들어갈 만한 작은 마음의 틈 사이로
내 상처들을 조금씩 꺼내 놓았다
꺼내놓은 상처들을 어루만져 주던 넌
내 옆에 머물고 싶다고 했다

고백을 듣는 순간 두려움과 떨림이 있었지만
다시 사랑 앞에 마주한 나는
너와 함께 하는 사랑이라면 머뭇거릴 이유가 없었다
내 앞에 멈춰서 나를 바라보는 그 순간부터
두렵고 떨리는 지금 이 순간까지 모든 것이 사랑이라 느껴졌다

사랑을 기다리지 않는다고 생각했던 건 착각이었다
네가 내 앞에 머물렀을 때 어쩌면 지금껏 이 순간을
이 사랑을 기다려왔는지도 모른다
네가 가지고 온 사랑 아마도 내가 기다려왔던
그 사랑이기에 더욱 이 사랑을 믿고 싶다

一

계절 季節

봄 여름 가을 겨울

분명 계절은 사계절인데

요즘은 하루에도 몇 번씩이나 바뀐다

내 잘못이 아니라 계절 탓, 변덕스러운 날씨 탓이라며

책임을 떠넘겨 보지만 여전히 날씨는 아랑곳하지 않는다

사랑도 변하는 계절처럼 다른 옷을 갈아입는지

사랑하는 동안 우린 참 많은 계절을 지나왔다

봄의 꽃처럼 예쁜 옷을 입고

가슴이 탁 트이는 가을 하늘의 옷을 입었다

무더운 여름, 갑자기 겨울이 찾아와

봄이 올까 싶을 정도로 찬바람이 불어왔다

그렇게 추웠던 지난겨울엔 그 어느 때보다 따뜻한 사랑을 했다

지나온 계절들을 생각하면 한 번도 아름답지 않았던 적이 없다

네가 없었다면

지금까지 지나온 계절의 아름다움도 소중함도 알지 못 했겠지?

지금 우리가 함께 하는 이 계절

그리고 앞으로 다가올 계절까지 모두 고맙다

一 거울 앞에서

너에게 예쁜 모습을 보여주기 위해

오늘도 거울 앞에 서서

예쁜 표정과 눈웃음을 지어본다

그러다 오늘 알게 된 사실

'널 사랑하는 내 모습이 이런 모습이구나.'

항상 보던 거울 앞 내 모습 속에서

너를 사랑하는 나를 보게 되었다

나쁘지 않은 모습

아니 사실 너무 행복해 보이는 얼굴

거울 앞에 설 때마다

너에게 어떤 모습을 보여줄 생각밖에 없었는데

행복해 보이는 나를 보니 너에게 더욱 고마움이 느껴진다

사랑하고 사랑받는 얼굴

'항상 너의 얼굴에서만 보였는데 나도 그랬구나.'

선물

너에게 미소를 선물 받았다

항상 무표정으로 다니던 내가

웃는게 어색해서 사진 찍는 걸 싫어하던 내가

이제는 환하게 웃으며

너에게 선물 받은 그 미소를 찍어서 보낸다

고마워

―

나,
네
앞
에
있
어

있는 모습 그대로를 보여줘도 편안하고

아픈 상처를 말하면 보듬어주고

만나려고 애써 노력하지 않아도 네 앞에 있는 사람

그런 사람을 만나

지금 네 앞에 있는 사람말이야

一

사랑받고 있구나

사랑받는 사람은 얼굴에 티가 나더라

지금 나처럼

一

사랑하고 있구나

사랑하는 사람은 얼굴에 써있더라

지금 너처럼

― 내 마음 알지?

어제도 보고 오늘도 보고
이번 주말에도 보는데도
계속 보고싶은 사람

널 만나지 못하는 날에는
아쉬움이 가득해서
다시 만날 날만 손꼽아 기다릴 때면
얼마나 내가 널 사랑하는지
얼마나 네가 날 사랑하는지

그렇게 또 알게 되더라

행복한 순간들

어깨에 살며시 고개를 맡기고 눈을 감을 때
두 팔 벌린 품 안에 서로를 꼭 안아줄 때
걸음을 맞추어 함께 손을 잡고 걸을 때

말하지 않아도
너를 위해 나를 내어주는 순간들
너에겐 쉼이 되는 순간이
곧 나에겐 행복한 순간들

一

니
생
각

아무리 정신없이 바쁜 날에도

멍하니 아무생각 없는 날에도

꼭 생각하는 한 가지

―
여기 어떻게 알았어?

예쁜 풍경이 눈에 들어오면
휴대폰 사진이 아닌
눈에 먼저 풍경을 담아

그리고 너를 떠올려

눈에 담은 풍경을
마음에 다시 잘 담았다가
너와 함께 다시 보러가

一

널 만난 후부터

많은 것들이 달라지기 시작했어

보는 것

말 하는 것

생각하는 것까지

신기하지?

어떻게 내가 이렇게 변했는지 상상조차 못했거든

매일 아프고 힘들게 했던 지나간 일도

사랑을 피하고 싶게 만들던 두려움도

혼자인게 익숙했던 하루도

모든게 변했거든

마음먹는다고 되는게 아니었나봐

내 마음과 꼭 맞는 널 사랑한 후부터 그런거니까

一

약
속

'바빠도 연락은 항상 해주기'

'서로만 바라보기'

'무슨 일이 있어도 우리 손 놓지 않기'

너와 사랑을 하면서 이전에는 상관없었던 약속들이지만
이제는 지켜야 할 약속들
'과연 지킬 수 있을까?' 라는 생각을 하면서도
매일 나는 너와 새로운 약속을 한다

약속은 원래 지키기 위해 하는 건데
사랑을 하면서부터
사실 너에게 하는 그 약속들 중에
지키지 못할 것을 알면서도 하는 약속들도 있었다
지킬 수 없는 약속이었지만
사랑하기 때문에 그 약속들을 지키려고
나는 무던히도 노력했다
그게 너를 사랑하는 내 마음이고 진심이었다

너와 약속한 것이 얼마나 되는지 노트에 적어봤다
사랑이 아니었다면 절대 지키지 못했을 약속들
하지만 나는 오늘도 그 약속들을 생각하며
지키기 위해 애를 쓴다
그렇게 너를 향한 내 사랑하는 마음의 깊이가
약속을 지켜나갈 때마다 깊어지고 있다

一

너에게 고맙다

서로 다른 환경에서 살아온 우리가
완벽하진 않지만
사람들로부터 꽤 부러움을 살만큼
사랑하고 있다는 사실이 너무나도 좋다

함께 하는 동안
내 마음은 너의 사랑으로 가득 채워졌지만
너의 마음이 혹시나 채워지지 않으면 어떨까 불안했다
너에게 언제나 부족하다고 생각하는 이런 나의 모습을
너는 언제나 환한 미소로 답해주었다

오늘은 사랑한다는 말보다 너에게 꼭 해주고 싶은 말
너에게 고맙다

一

내가 그리고 당신이

한마디 말에도 귀를 기울여 들어주는 사람

위로라는 말로 힘들게 하지 않고

말없이 곁에만 있어도 위로가 되는 사람

퇴근길에 투정 섞인 통화에도

되려 걱정해 주는 사람

가만히 있다가도 눈이 마주치면 활짝 미소지어주는 사람

함께 할 때는 설렘이 가득한 사람

보지 못하는 날에는 아쉬움이 가득한 사람

힘든 일을 만날 때 기다리라는 말 대신

같이 가자고 말하는 사람

이런 사람이면 좋겠다

一

기다려준 너에게

사랑이 아니었던 적은 한 번도 없었어

다만 내 사랑이 서툴러서

네가 부족하게 느껴졌을 것 같아 미안해

그리고 고마워

서툰 내 사랑

부족한 내 사랑도 좋아해주고 기다려줘서

널 많이 사랑하는 법을 알았어

고맙고 사랑해

一

미안해라는 말보다

"미안해…"

"미안해 말고 사랑해라고 말해줘."

"사랑해 그리고 미안해."

"아니 미안해 금지!"

"응…사랑해 근데 진짜 미안해."

너를 위해서 무엇인가를 할 수 있다는 것 만으로도 좋다
그런데 넌 항상 미안하다는 말만 하더라
미안해라는 말보다 사랑해라는 말 하나면 되는데
그러니 다음부터는 미안해라는 말보다
사랑한다고 말 해줄래?

一

무슨 일이 있어도 우리

무슨 일이 있어도 우리 꼭 함께하기

무슨 일이 있어도 우리 잡은 두 손 놓지 말기

무슨 일이 있어도 우리 서로만 바라보기

무슨 일이 있어도 우리 서로를 믿으며 사랑하기

무슨 일이 있어도 우리 사랑하는 마음 변하지 않기

무슨 일이 있어도 우리에게 변함은 없겠지만

한 가지 더 노력할게

무슨 일이 생기지 않도록...

그럴 때 있잖아

널 기다리다 멍하니 멍 때리고 있을 때
딱히 걱정이 있는 것도 아니고
혼자 있으면서 할 일 없이 노래듣고 있는 그 때

   "뭐하고 있어?"

   "밥은 잘 먹었어?"

   "혼자 있어서 심심하지?"

   "보고 싶은데 시간이 안 간다."

   "조금만 기다려! 끝나면 바로 나갈게"

   "사랑해"

이런 말들을 나한테 해줄 때
마음을 울리는 뭔가가 있어
아마 그게 사랑이겠지?

一

사랑하면 보이는 것들

사랑을 시작할 땐 마음 하나면 되지만

사랑을 시작하고 나면

그 사랑을 유지하기 위해 말 한마디

작은 행동 하나까지 많은 노력이 필요해

사랑하면 보이는 것들이 많아지거든

시간이 지나면서

서로 맞는 모습뿐 아니라

다른 모습들도 눈에 보이게 되니까

그런데 그거 알아?

사랑하지 않았다면

알 수 없고 볼 수 없었을 네 모습들까지도

감싸주고 싶고 내겐 그 무엇보다 소중해

맞지 않는 모습들까지도 알기에

우리 사랑이 어긋나지 않도록

이해하고 노력하면서 사랑할게

― 말 안 해도 알지?

사랑한다는 말
보고싶다는 말을 하지 않아도
서로의 마음을 아는 사이

서로 사랑하는 마음도
보고싶어 하는 마음도 다 알지만
한번쯤 그 마음을 모른다 생각하고

"사랑해"
"보고싶어"라는 말도
아끼지 않았으면 해

가장 사랑하는 사람이잖아

너의 아픔을 알게 된 날

짐작은 하고 있었어

그 사람 때문에 힘들어하는 널 보면서

옆에서 나도 많이 속상했으니까

그동안 네가 가진 아픔 때문에

나와 거리를 두려고 애쓰던

너의 말과 행동들이 스쳐지나가더라

그런 널 보면서 '얼마나 많이 힘들었을까?' 하면서

오로지 네 걱정밖에 없었어

나도 아파봤으니까

아니, 훨씬 더 큰 상처를 가지고 살아온 나니까

그때부터였나봐

'한번이라도 더 웃게 되면 좋아지지 않을까?'

'아픔을 잊게 할 수 있을까?'

지나간 상처와 아픔을 가지고 살아온 너와 내가 만나

우리가 될 수 있도록 너의 아픔을 위로하려고 노력했어

그런 노력 끝에 결국 우리가 되었고

지금은 너의 아픔을 알게 된 날도

추억이 되어 이야기 할 수 있게 되었지

각자 다르지만 같은 아픔을 안고 살아온 우리는

그렇게 시작했고 새로운 사랑으로 옛 상처를 덮어가며

행복한 하루를 보내게 되었잖아

서툴지 않은

그렇다고 아주 익숙하지도 않은 사랑을 하면서

조심스럽게 너를 위로하며

내가 너를 사랑하기로 마음먹은 날이

너의 아픔을 알게 된 날이야

關心
관심

사람들 말에 크게 신경 안 쓰던 내가

너의 말 한마디 한마디에 귀를 기울이더라

네가 무엇을 하는지

작은 행동 하나까지 눈으로 기억하고

무엇을 좋아하는지

어떤 버릇이 있는지를 기억하고 있더라

요즘 내 관심사는 온통

너로 가득 차있거든

사랑한다면

사랑을 시작하면 제일 먼저 커지는 마음이 있어

바로 집착하는 마음이야

서로에 대한 믿음을 가지고 있다면

그 믿음이 집착으로 계속 커지지 않도록

서로가 배려하고 노력하는 모습이 필요해

그래서 사랑에도 노력이 필요하다고 하잖아

노력하지 않으면

사랑이라는 이름으로

사랑했던 그 마음이 어느새 집착이 되어

상대를 숨 쉴 수 없을 만큼 힘들게 만들어 버릴테니까

사랑한다면 우리 더욱 노력하자

우리 사랑을 위해

一

너를 사랑하는 이유

사랑은 그리 대단하지 않은

아주 평범한 것에서부터 시작된다

사랑스러운 너의 미소를 보는 그 순간

그것이 곧 너를 사랑하는 이유가 되기도 하거든

무소식이 희소식

아무 소식이 없는
무소식은 곧 좋은 소식이라는 말이다

하지만 사랑에는 무소식이 곧 끝이다
아침에 눈을 떠서
잠자리에 드는 순간까지
소식을 알려야 한다

사랑하는 사람에게
내가 어디서 무엇을 하고 있는지
소식을 알려야 하는 의무가 있다
좋은 일이든 좋지 않은 일이든
바로 공유 될 수 있는 것이 사랑하는 관계이다

'나는 원래 연락을 잘 안하는 스타일인데'
'각자 생활 패턴이 다르고 또 믿으니까' 라는 말로
사랑에도 무소식이 희소식이라는 말을 적용하지 않았으면

사랑하는 사람에게
내 소식을 전해주는 것이
곧 사랑을 전하는 일이니까

― 기억하고 있었어?

"여기 어때? 나 이런 곳 가보고 싶은데"

"어? 나도 가보고 싶었는데"

한번은 내가 좋아하는 분위기의 카페를

스치듯 말한 적이 있어

그런데 한 달쯤 시간이 흘렀을 때

너는 잊지 않고 그 카페로 나를 데려가 주더라

"여기 기억하고 있었어?"

"네가 오고 싶어 했잖아."

스치듯 말했던 그 카페에

너와 함께 마셨는 그날의 커피를 잊을 수가 없었어

커피 맛도 물론 좋아서 기억하겠지만

그보다 더 마음을 울렸던 건

스치듯 내뱉은 말 한마디까지 기억해준

네가 고마웠기 때문이야

지극히 사소한 말

누가 들어도 스치듯 한 말을

기억해주던 너

보고 싶었어

하루 종일 일에 시달리다
피곤한 몸을 이끌고 퇴근을 했어
퇴근 후 가장 먼저 달려간 곳은
바로 우리 약속장소
오늘은 피곤해서 내일 만나자고
말 할 법도 하지만
언제나 나에겐 네가 먼저이기에
오늘도 약속 장소로 달려갔지

내 피곤한 몸을 쉼이 아닌

우리가 함께 하는 시간에 양보하고 만나는 동안

후회한 적이 단 한 번도 없어

그렇게 도착해서 너의 얼굴을 볼 때면

하루 종일 괴롭혔던 피곤도 여러 생각도 전부 사라지니까

아마 오늘 하루종일 난 이 순간을 기다려왔던 내가 된 듯

얼굴을 마주보고 함께 하는 그 시간에 힘을 얻게 된다

오히려 내가 더 피곤해 하지 않을까 하는

너의 걱정에 나를 사랑하는 마음을 느껴

사랑하는 사람을 만나는 일이

하루를 살아가는 목표라면 이것만큼 특별한 하루가 있을까?

난 오늘도 하루 종일

널 만나는 시간을 기다리며 살았던 것 같아

내 하루라는 시간동안의 목표가

너라는 한 사람이 되어 어제도 오늘도 살 수 있는 힘이 되거든

내일의 목표도 여전히 너이기에

내 하루는 그것으로 충분해

날씨

그런 날이 있어
날씨까지 도와주는 날
일기예보에는 분명 비가 온다고 했는데
어떻게 우리가 함께 하는 날인줄 알고
하루 종일 비구름이 잠시 뒤로 물러나 있다가
집에 들어가는 길에 들어설 때
이제는 비를 내려도 되냐고 허락받은 것처럼
그제야 비가 내리던 날

사실 비가와도 그날은 좋았을 거야
비가와도 비가 오지 않아도
우린 함께 했으니까
함께 하는 그 순간에 모든 것이 좋아 보이고
우리를 도와주는 것처럼 느꼈을테니까

— 잘 잤어?

오늘 새벽은 내 몸에 닿는 공기가 차더라

곧 너한테 잠은 잘 잤는지

컨디션은 어떤지

혹시나 무서운 꿈을 꾸지는 않았는지

지금 공기가 차갑다는 말을 담아

밤새 너의 안부를 묻는다

불과 몇 시간밖에 되지 않는 밤사이

무슨 일이 일어났을 리가 없겠지만

너의 하루의 첫 시간이

늘 나이길 바라며

안부를 묻는다

봄이 좋은 이유

네가 아니었다면

결코 다시 오지 않았을 계절이 왔다

흔들리던 내 앞에서

꼭 선물해주겠다고

진심어린 마음으로 약속했던

그 계절이 왔다

그렇게 너는 나에게

세 번의 봄을 안겨 주었다

매번 잊지 않고 약속을 지켜주는

너와 함께 하는 이 봄이

나는 너무 좋다

니가 오기 전까지

하루 종일 속을 썩이던 내 마음인데
니가 오니까 아무 일 없었다는 듯
어느새 가슴이 뛰고 있더라

니가 많이 보고 싶어서 그랬나봐

―
많이 기다렸지

"나 이제 내리는데 어디쯤이야?"

"응, 나도 방금 도착했어."

"어? 저기 있다."

많은 사람들 속에서

너를 한 눈에 알아 볼 수 있는 이유는

너는 나에게 유일한 사람이니까

얼마나 많은 사람이 있어도

내 눈은 너만 찾게 되거든

유난스럽지 않아도 바로 알아볼 수 있고

그저 날 기다려주는 네 모습을 볼 때면

너 같은 사람이 날 기다린다는 사실에

얼마나 고마운지 몰라

내가 널 알아보는 만큼 너도 날 알아보고 반가워하잖아

난 아직도 신기해

네가 날 기다리고 알아봐주는 그 순간이

손 잡아줘

나는 항상 슬쩍 너의 손을 잡았는데

나와는 달리 내게 손을 내밀며

잡아달라고 말하는 네가 나는 좋다

―
가끔 그런 생각을 해

네가 살아가는 하루에 나는 얼만큼 있을까?

날 얼마나 생각할까?

너도 나만큼 내가 보고싶을까?

어디서 무엇을 하는지 궁금할까?

하루종일 연락을 주고 받으며

서로의 하루를 모두 알고 있지만 궁금할 때가 있거든

내 하루에 온통 네가 들어와 살아가듯

네 하루에 온통 내가 들어가 살아가는

이런걸 애틋함이라고 하나?

―
우리

그동안 참 많이도 변했다

처음 그 때보다 서로에게 더욱 편안해진 감정과

낯설던 배려가 이제는 익숙하고 편해졌어

예쁜 계절들이 매번 옷을 갈아입고

함께 한 시간도 해가 바뀌었으니

함께 하는 동안 우리도

같이 했던 모든 것들도 많이 변했지?

그런데 지금껏 변하지 않은 것들이 있더라

내가 걱정 될 때면 눈을 크게 뜨고 바라보던 너의 눈과

"사랑해"

"보고싶어"라고

매일 써주는 너의 마음

그래서 우리가 여전히

이렇게 사랑하나보다

一

마음가짐

복잡하게 생각하지 않기로 했다

사랑에 이런저런 생각을 더하지도 않고

괜한 걱정이나 두려움을 갖지도 않기로 했다

눈에 보이는대로 마음에 느껴지는대로

그렇게 널 사랑하기로 했다

— 널 사랑해도 될까?

과거의 사랑과 똑같은 사랑이라면

너를 만나지 않았겠지

아픈 상처와 그리움을 가지고 가버린 시간

나를 향한 깊은 감정으로 내 앞에 찾아 온 너

지나온 사랑 때문에 이전보다 성숙해진 나

더 이상 새로운 사랑을 두려워 할 이유가 없어졌거든

이제

널 사랑해도 될까?

一

너라서 사랑해

아무라도 내 옆에 있었으면 하는
외로움 때문에 하는 사랑이 아니라
나 때문에 네가 행복해졌으면 하는
널 향한 마음 때문에 사랑하고 싶어

이럴 거면

"이럴 거면 헤어져"

"이럴 거면 가지마"

"이럴 거면 하지마"

연인들이 싸울 때 가장 많이 하는 말 중에 하나
"이럴 거면"
서로의 마음을 알았더라면 나오지 않았을 말일텐데
둘 중 한 사람의 입에서
"이럴 거면"이라는 말이 튀어 나온다

두 사람 사이에 가장 필요한 것은
상대방에 대한 마음이 아닐까?
무엇 때문에 힘들어서 "이럴 거면"이라는 말이 나왔는지
내가 서운하게 한 것은 없는지

"이럴 거면"이라는 말로 마음을 표현 하고 있는 그 사람에게
"나도 마찬가지야"라는 말로 맞받아치는 것이 아닌
힘든 상대방의 마음을 이해하고 지긋이 안아준다면
더 큰 싸움으로 번지는 일은 없을텐데
"이럴 거면"이라는 말이 "당장 헤어져"라는 말이 아니라는 것을
서로가 알기에
한 걸음만 뒤로 물러나는건 어떨까?
사랑하다가 다투고 마음 상하는 일이 없는다걸 모르고
시작한 사랑이 아닐테니까

— 기억나?

우리가 사랑이 아니었을 때

그때 너에게 난 어떤 사람이었어?

사실 난 네가 처음부터 사랑이었거든

一

그땐 그랬지

사랑을 처음 시작할 땐

이해되지 않아도 사랑했는데

이제는 이해되지 않으면

괜한 오해부터 하게 되더라

一

좋아해

매일 너에게
'사랑해'라는 세 글자를 보내다가
오늘은 어쩐 일인지
'좋아해'라는 세 글자로 보냈다

'사랑해'를 보낼 때는
그게 당연하게 느껴졌는데
'좋아해'를 보낼 때는
마음 한 켠에서 수줍어 지는거 있지?

너에게 사랑을 고백하기 전
내 마음을 표현했던 세 글자라서 그런가보다

그 때가 생각나서 일까?
"나 여전히 널 좋아해"

一

여전히 나는 널 사랑한다

누군가를 그리워하는 감정을 그리움이라 하고
홀로되어 쓸쓸한 감정을 외로움이라고 한다
분명 너와 사랑을 하고 우린 함께 있는데
그리움과 외로움을 느낄 때가 있다
네가 옆에 있지만
그 때의 네가 그리워지고
외로움이 찾아온다

여전히 나는 널 사랑한다
그때의 널 그리워하고 외로워하면서

단점

사랑하는 사람의 단점을 인정해 줄 수 있나요?
대답에 머뭇거리게 된다면 그 때를 생각해보세요
처음 그 사람과 사랑을 시작할 때를요
그 때는 그런 단점도 이해해 줄 수 있었잖아요

一 확실한 마음

수많은 사람 중에서
한 사람의 얼굴이 생각나고
그 사람의 하루가 궁금해진다면
잘 생각해봐

그 사람에게 연락이 오지는 않을까 기다려지고
혹시 말을 걸어오게 되면
무슨 말을 해야 하나 떨리는 마음이 든다면
더더욱 생각해봐

서로가 마주치기라도 할 때
그 사람을 대하는 내 행동과 말투가
친절해지는 것을 느낀다면
그 땐 더 이상 생각할 필요도 없어
확실해

사랑은 그렇게 찾아오는 거니까

一

너라는 위로 慰勞

"많이 힘들었지?"

"고생했어"

"보고싶어"

"사랑해"

"잘자 그리고 내일 봐"

힘들고 지친 오늘도

너라는 위로에 힘을 얻는다

―
넌 감동이었어

누구나 실수를 하고 완벽할 수가 없듯이
사랑도 마찬가지야
모든게 마음에 드는 사랑
진짜 눈만 뜨면 감동받는 사랑은 있을 수 없어
그래도 사랑이라는 환상이 주는 것 때문에
기대하는 것들이 있겠지

우리 사랑도 그렇지 않을까?
사랑하지만 실수하기도 하고
그러면서 서로를 더 알고 이해하게 되잖아

사랑하는 사람에게 기대하는건 당연해
하지만 기대에 부응하지 못하게 된다고 해도
상심하고 우울해 하는게 아니라
조금 더 부족한 우리 사랑이
채워지는거라 생각하는건 어떨까?
그렇게 조금씩 부족함을 채워가면다보면
완벽할 수는 없지만
그 사랑에 감동하게 될테니까

바램

예쁜 꽃

예쁜 반지

예쁜 인형

예쁜 풍경

예쁜 것은 무엇이든지

너에게 안겨 주고 싶어

그것들을 안고 행복해하는 널 보는 것이 내 바램이거든

사랑, 가장 어려운 일

아침에 일어났을 때 가장 먼저 떠오르는 사람

손을 꼭 붙잡고 나란히 걷고 싶은 사람

맛있는 식사를 같이 먹고 차를 마시며

하루의 속상한 일을 털어놓고 싶은 사람

얼굴을 보면 눈녹듯 마음이 풀리게 만드는 사람

잠들기 전 속삭여주는 한마디에

더할나위 없는 행복을 주는 사람

사랑이라는 가장 어려운 일을 해내는

내가 사랑하는 그 사람

―

당연한 일? 우연한 일?

우연히 찾아온 행운이라 생각했어
너라는 행운을 만나 사랑을 하면서도
행운이 내 곁을 떠나지는 않을까 두려운 마음이
마음 한구석에 있었거든

지금 생각해보면 얼마나 바보 같은 생각이었는지 몰라
그저 우연히 찾아온 행운으로 생각했던 너인데
그런 넌 정말 날 사랑해서 내 곁에 머물렀잖아

우리가 사랑하는 것이 당연한 일인 것을
우연이라는 이유로 사랑의 가치를 알지 못했어
우연히 시작 된 사랑이니까 홀연히 떠날까
겁을 먹는 것만큼 바보같은 마음도 없는 것 같아

진짜 사랑이 우연히 시작된다 할지라도
그 이후부터는 당연한 사랑이니까 불안해하지 않을게

一

이기심과 이타심

사람은 관계를 맺고 살아간다

혼자서 살아갈 수가 없다

이기적인 사람은 날마다 자신만 생각하기 때문에

곁에 사람이 머물기 힘들다

상대를 생각할 수 있는 마음이 있어야 한다

그래서 이기적인 사람에게 가장 필요한 것은 사랑이다

사랑은 받기만 하면서 살아갈 수가 없다

늘 받기만 하는 사랑은

결국 한쪽으로 치우쳐 사랑을 유지할 수가 없다

그러나 사랑받은만큼 사랑을 줄 수 있는 사람은

어느 한 쪽으로 치우치지 않고

충분히 서로에게 공급해주고 받으며 살아갈 수가 있다

사랑에 필요한 것은 이기심이 아닌 이타심이다

무조건적인 이타심은 자존감을 잃게 만들지만

이기심과 이타심 사이를 유지할 수 있는 것 또한

사랑하는 방법 중에 하나다

一

사랑은 빛과 같은 것

한 사람이 내 생활 속에 들어온 후부터
모든 것이 달라지기 시작했다
아침에 눈을 떠서 밤에 잠드는 그 순간까지
온통 한 사람으로 가득차게 되었다

도무지 앞이 보이지 않았고
늘 무언가를 바라보고 싶었던 어두운 생활에 들어온 너는
온통 빛으로 내 마음을 채웠다

원래 이렇게 밝은 것인지
사랑을 시작하게 되어 밝아진 것인지는 중요하지 않다

중요한 것은 한 사람의 빛이
내 마음을 채웠고
그 빛은 나를 밝혀주기에 부족함이 없다는 것

一

약속 約束

사랑하는 사람과의 약속은 그 무엇보다 중요해
서로가 맺은 약속을 지키는 것이야 말로
사랑을 지키는 것이 되거든

마음에 담아두고 있던 약속을 말로 내 뱉었다면
그 말에 책임일 질 수 있는 사람이야 말로
사랑에 책임을 지는 사람이야

거창한 일들을 약속하고
눈에 보이는 일만 지키려고 하는 사람이 아닌
작고 사소한 약속까지라도 지킬 수 있는 사람
끝까지 잊지 않고 지키는 사람이야 말로
사랑을 지키기 위해 노력하는 사람이 아닐까?

사랑이라는 안경

사랑이라는 안경을 쓰게 되면
그 사람의 말 한마디 행동 하나에도
의미를 부여하게 된다

말 한마디에 큰 행복을 느끼고
작은 행동에 감동을 받는다

평범한 꽃 한 송이를 받은 것뿐인데
세상의 모든 꽃을 다 안고 있는 듯이 기뻐하는 것처럼

그렇게 사랑은
모든 것들에 새로운 의미를 준다

一

한결같이

50년을 같이 살아온 노부부가 있었는데

한결같이 서로를 사랑하며 살아가는 이유가 뭔줄 알아?

바로 표현이야

어떻게 이런 표현을

50년이 넘는 시간동안 할 수 있었을까?

그 방법은 단순했어

50년 전 처음 사랑을 표현했던 것처럼

노부부는 여전히 서로에게 마음을 표현하고 있었거든

50년이나 이어올 수 있었던 그 방법은 간단했어

바로 "매일매일" 표현하면 되는거였어

노부부는 매일 서로의 사랑을 표현하는동안

50년이라는 시간을 함께 지나온거야

오늘부터 우리도 표현하자

앞으로 딱 50년 동안! "매일매일"

一

사랑은 둘이 하는 거니까

사랑이라는 인연의 끈을

혼자 애써 잡는다고 해서 언제까지나 이어갈 수 있을까?

사랑이라는 관계는

혼자가 아닌 두 사람이 이어가는 거잖아

사랑을 유지해보겠다고

한 사람만 간절하게 끈을 잡고 있으면

언제나 지치고 상처받는 쪽은 간절했던 사람이야

마지막까지 간절했던 그 사람마저

끈을 놓게 된다면

결국 모든 것이 끝나버리게 되고

지금 나를 바라봐주는 그 사람이

혼자 끈을 붙잡고 있다면

지치지 않도록 내가 더 꽉 잡아주는 것은 어떨까?

많이 힘들었을 그 사람을 위해

결국 사랑은 둘이 하는 거니까

一

사랑은 관계

필요에 의해서 관계를 이어나가는 것을 보면

사람의 마음은 참 이기적인 것 같아

이런 관계는 사실 관계라기보다는

관리라고 하는 것이 맞지 않을까?

사람과의 관계를 관리하며 살다보면

언젠가는 나에게 더 이상 필요없어 질 때가 오기마련이고

관계는 끝나게 되버리지

사랑도 마찬가지야

사랑하는 관계가 아니라

사랑하는 사람과의 관계를 관리하는 사람이 있어

외로움을 채우기 위해서라든지

옆에 누군가 있어주기를 바라는 마음들이 그런거야

사랑은 관리가 아니라 한 사람과의 관계로 이어가는거야

사랑을 관리한다고 해서 관리되는 것이 아니잖아

— 왜 나 같은 사람을 좋아해?

넌 가끔 묻는다

왜 자기를 좋아하냐고

그래서 기회가 되면 얘기해줘야지 하고

마음속에 담아 뒀던 대답이 있어

너는 이 세상 단 한사람이고

내겐 네가 가장 아름다운 사람이야

네가 이곳에 있는 것 자체만으로도

충분히 빛이 나는 사람이거든

네가 내 옆에 존재하는 것이 꿈만 같고

매일 행복한 하루를 살게 해

세상에 예쁜 꽃은 다 네게 주고 싶고

사랑을 표현할 수 있는 말들을 전부 모아서

매일 하나씩 표현해 주고 싶어

넌 모를거야

그런 것들조차 부족할 거라는 걸

늘 내 사랑이 부족한데도

그런 날 좋아해주는 네가 좋아

그래서 더 좋아하고 계속 사랑할거야

一

누구나 하나쯤 있지 않아?

그 사람의 얼굴을 떠오르게 하는 것

그래서 아직 버리지 못하는 물건

아니 버리지 못 하는게 아니라

간직하고 싶은게 맞겠다

볼 때마다 미소짓게 한다면

계속 잘 간직해

행복했던 사랑의 흔적이니까

― 서로를 위했던 그때

그때 우리의 사랑은 그랬다

마음속에 하고 싶은 말들이 많이 있었지만

서로를 위한다는 이유로 꺼내지 못했다

사랑하니까 그래야 하는줄 알았다

서로에 대한 그런 감정은

특별히 큰 문제가 없었기 때문에

조금만 참으면 잘 유지할 수 있었다

얼마나 시간이 지났을까?

마음속 이야기를 할 기회가 있었다

그게 우리의 마지막 마음을 드러낸 시간이었다

그동안 힘들었다고

행복하지 않았다고

그렇게 그만하자는 말을 꺼낸 우리는

자리를 일어나 헤어졌다

운명 같은 사랑

그 사람은 모르는

나만 알고 있는 노력으로 이루어진 사랑을

예쁘게 포장하면 무슨 말인 줄 알아?

바로 '운명 같은 사랑'이야

그저 한번 마주친 것 뿐인데

우리는 인연이라고 호들갑을 떤다

그러다 그 사람을 한번이라도 더 마주치면

어느새 운명이라고 말을 하게 된다

어쩌면 인연이란

정말 우리가 만들어 가는 것 같다

한번 마주쳐 지나간 사람들이 얼마나 많이 있을까?

그런데 그 중에 인연이라 생각되는 사람을

운명으로 만들기 위해

한번이라도 더 보려고

같은 시간

같은 곳에서 기다리니까

안부 安否

"잠은 잘 잤어?"

"출근 준비는 잘 하고 나왔어?"

"밥은 잘 먹었어?"

"일 하느라 많이 힘들지?"

"저녁에 뭐먹으러 갈까?"

"어디쯤 오고 있어?"

매일 쳇바퀴처럼 반복되는 하루지만
매일 그 사람의 같은 물음이 있어 지루하지 않은 하루
네가 내 하루에 들어온 뒤로 줄곧 그런 삶이 되어 좋다
네가 내 앞에 나타나지 않았다면 어땠을까?
네가 없는 반복된 하루를 어떻게 살았을지 캄캄하다

一

정
情

정이란게 참 무섭기도 하다

낯설기만 하던 우리가

사랑이라는 관계로 이어져 여기까지 오는 동안

무수히도 많이 쌓여버린 정이란 놈 때문에

이젠 마음대로 정을 뗄 수도 없는걸 보니

정이 무섭긴 하다

그놈의 정이 뭐라고

가끔은 네게 서운한 마음을 가지고 있으면서도

꺼내지도 못하고 이내 모른 척 꾹 삼킨다

이것도 분명 정 때문이겠지

요즘들어 정 때문에 산다는 어른들의 말이 이해가 간다

사랑하지 않는 다는 말이 아닌 것을 안다

사랑하지만 그 속에 끈끈하게 이어지도록 하는

정이 있다는 것을 말 할 테지

그렇다면 사랑의 다른 이름을 정이라고 할 수 있을까?

一

추억 追憶

내가 무엇을 좋아하고 어떤 버릇이 있는지

그 때 무슨 일이 있었는지를 이야기 해줄 때가 있다

'그때 내가 그랬었나?' 라는 생각이 들면서

어렴풋이 기억을 떠올리게 되면

나도 기억의 상자를 열어서

네가 무엇을 좋아하고 그 때 어떤 말을 했었는지 떠올린다

사랑을 하면 많은 것들을 공유한다

그 중 기억이라는 부분을 가장 많이 공유하게 되는데

신기하게도 내가 아닌 사랑하는 사람의 그 날의 것들을

내 기억으로 소중히 간직한다

내 하루는 기억하지 못해도

사랑하는 사람의 그날은 기억한다

그것이 추억이니까

一

욕심(欲心)

말하지 않아도

누군가 내 마음을 알아주는 사람이 없을까

이런 생각을 할 때가 있어

아마도 사랑에 지쳐있던 때였나봐

사랑에 지쳐 누군가를 만난다는 것도 썩 내키지 않거든

사람을 만나고 알아가는 과정이

얼마나 복잡하게 여겨지던지

그 과정만 생략한채 내 마음만 알아줬으면 했을정도였어

시간이 지날수록 만남은 싫지만

외로움이 깊어지는 건 더 싫더라

내 마음을 알아주기를 바라는 일이 욕심인걸까?

그것이 욕심이라 해도

사랑에 지쳐버린 그 때의 상황에선

어쩔 수 없었다고 하면 이해해줄까?

그저 누군가에게 기대고 싶은 마음

이기적이지만 사랑만 받고 싶었던 내 마음을

마음의 표정

마음의 표정을 볼 수 있으면 좋겠다

얼굴만으로는 알 수가 없어서 말이야

분명 힘들어 하는 것 같은데

얼굴은 웃고 있으니 차마 뭐라 말할 수 없었거든

아니면 차라리

그냥 마음그대로 숨기지 않았으면 좋겠어

힘들 땐 힘든 얼굴

슬플 땐 슬픈 얼굴

기분 좋을 땐 웃는 얼굴 그대로 보여주면 안될까?

애써 마음의 표정을 감추려고 하지마

난 네 마음까지 다 사랑하니까

一

행복하다

너와 사랑하며 살아가는 하루가 참 행복하다
매일 넘치는 이 행복을
어딘가에 넣어두고 지낼 수는 없을까?
나중에 혹시나 우리의 행복이 바닥나고
서로에게 지쳤을 그 때
넣어둔 행복을 꺼내서
이겨낼 수 있으면 좋을 것 같아서

一

지금 알았어

남들이 우릴 어떻게 생각할지 신경 쓰일 때가 있었어

서로가 좋아서 만났는데

왜 난 그렇게 사람들의 시선을 신경썼는지

그 때를 생각하면 많이 미안해

사람들에게 우리가 가십거리가 되지도 않았고

오히려 부러움을 받는 느낌이 들 정도라는 것도 알았어

참 못났지?

난 네가 너무 좋고 사랑하는데

내 생각보다 남의 생각을 중요하게 생각했었으니까

그런데 시간이 지나고

우리의 관계도 사랑도 더 깊어진 지금 알았어

남들이 어떻게 보든 상관없다는걸

내가 널 사랑하는 마음을 이젠 볼 수 있으니까

一
고마워

날 보고 웃어주는 네 얼굴을 보니까

오늘 힘들었던 일들이 싹 사라지는거 있지?

힘들어하는 내 모습 보여주기 싫어서

얼굴보지 말자고 했었는데

좋다

얼굴 보니까

고마워

웃게 해줘서

一

발
자
국

세상 어딘가에 내 발자국을 남기는게 내 목표였어

그런데 그 목표가 조금 바뀌었어

내 발자국 옆에 네 발자국을 같이 남기는걸로

그렇게 세상 어딘가에

우리의 발자국이 남도록 같이 걸어가줄래?

— 다 지나가겠지?

복잡하고 어려운 세상이지만 네가 있어 견딜 수 있나봐

이 세상에 나만 홀로 남겨진게 아니라는걸

네가 내 앞에 있어서 알 수 있거든

그런 네가 날 사랑해줘서

아직 이 세상은 그래도 살아갈만 한 것 같아

세상에서 이런저런 일로 울기도 하고 다시 힘들어하겠지만

그 때마다 어깨를 내어주고

눈물범벅인 내 얼굴까지도 예뻐해주는 네가 있어서 살아갈 수 있어

살아가는게 무섭고 어렵다고만 생각했는데 그것도 아닌 것 같아

나는 널 사랑한 일 밖에 없는데 다 지나간걸 보면 말이야

앞으로도 계속 그럴 수 있겠지?

또 어려운 일이 찾아와도

우리 지금처럼 사랑하다보면 다 지나가겠지?

一

멜로영화

우리의 사랑을 영화로 만든다면
얼마나 예쁜 장면들을 많이 담을 수 있을까?

어제 우리 같이 하늘보고 예쁘다고 같이 웃었던 일
오늘 아침 모닝콜로 비몽사몽한 나를 깨워주던 너의 노래
잠들기 전 시시콜콜한 하루의 일들을 듣고
응원해주던 자상함

예쁘고 좋은 곳에가고 맛있는 것도 먹고 비싼 선물까지
어쩌면 그런 특별한 일들보다 더 기억에 남는건
서로를 위해주던 순간들인 것 같아
그런 장면들을 영화로 만들면
더 예쁘게 나올 것 같지않아?

―
사랑할 땐 이유가 없었잖아

원래 헤어질 때가 되면 이유를 찾더라

사랑할 땐 이유 없이 사랑하더니

헤어질 때가 다가오면 어디서 그런 이유들을 찾아왔는지

마치 오래전부터 기다려온 사람처럼

이유를 쏟아내더라

영혼없는 말

우리는 절대로 영혼 없는 말은 하지 말자

아무리 바쁘고 여유가 없어도

눈도 마주치지 않고

영혼 없는 미안해와 사랑해라는 말은 하지말자

그럴수록 바라보고 얘기하자

눈을 보고

미안해

사랑해라는 말을 해준다면

진심이 느껴질테니까

一

이젠 익숙해

익숙해서 괜찮은건 없어

상처를 주는 사람은 절대 변하지 않으니까

계속 상처만 줄거야

그런 상황이 익숙해서 괜찮다고 하는건 괜찮은게 아니야

그 사람은 계속 자기도 모르는 동안

상처를 주고 있고

결국 내 자신은 계속 상처만 받게 되니까

그러니 익숙해져서 괜찮다고 하지마

익숙하지만 그래도 꼭 말하는게 좋겠어

사랑한다는 이유만으로 모든걸 참으려고 하지말고

알았지?

여전히 넌 사랑스러워

사람은 자신의 본래 모습보다

더 나은 모습을 보여 주려고해

그게 사랑하는 사람이라면 훨씬 더 그러겠지

하지만 날마다 나은 모습을 보여주려고만 하다가

그렇게 되지 못하게 되면 그 사람이 아니라

스스로가 더 큰 실망에 빠지게 될거야

그거 알아?

그 사람은 처음부터

본래의 네 모습까지 사랑하고 있었다는 걸

그러니 더 나은 모습만을 보여주려 하지마

괜찮아

지금 네 모습도 충분히 사랑스러우니까

사랑스러운 너

세상엔 사랑스럽지 않은 사람은 없어

세상 그 어느 누군가

단 한사람에게라도

넌 정말 사랑스러운 사람이니까

— 오늘 너의 하루는 어땠을까?

하루 종일 무엇을 하는지 연락을 주고받으며 지냈지만

얼굴을 보지 못해서 그런지 너의 하루가 궁금했다

아침에 눈을 떠서 밤에 잠드는 순간까지

너와 내가 각자 떨어져 무엇을 했는지 다 알고 있지만

서로의 얼굴을 보지 못했으니까

마무리를 하지 못한 기분이라고 해야하나?

내가 없는 너의 하루는 어땠는지 속으로 물어본다

만약 네가 없는 오늘 나의 하루는 어땠냐고 물어본다면

나는 오늘 하루 그리움으로 가득한 하루

네가 보고 싶은 하루였다고 대답할거야

一
흔들림

사랑은 그렇게 떠나간다

흔들리는 감정에 고민하는 사이 기다려주지 않는다

감정이 흔들려 고민하는 동안 사랑은 알고 있다

갈림길에 있다는걸

머물러 있을 사랑이었다면

흔들리는 감정에 고민할 일이 없었겠지

一

사과보다 이해

사랑하는 사람과 서로 다른 부분 때문에

힘들었던 적 있지?

때로는 그런 부분 때문에 상처가 되기도 하잖아

서로 사랑하는데

그런 차이 때문에 힘들다면 어떻게 해야할까?

그럴 땐 먼저 힘들고 상처가 될까봐 사과를 하게 되잖아

그때 정작 필요한 건 사과가 아니라

'이 사람은 이렇구나.' 라는 이해가 먼저 필요해

사실 다른게 잘못이 아닌데 불편해지는게 싫어서

어느 한 사람이 먼저 사과를 하게 되면 점점 지치게 되거든

여전히 사랑하고 좋은 사람인줄 알지만

계속 이어지는 사과에 서로 상처는 깊어질거야

그러니 서로의 다른 부분을 보게 된다면 사과가 아니라

이해가 필요해

一

간절했던

사랑하는 사람

사랑했던 사람에게 찌질하다는 말은 하지마

그렇게라도 붙잡고 매달리는 모습을 보이는 것만으로도

그 사람은 마음을 다 보여준거야

네 앞에서

모든 것을 보여준거니까

사랑이라는 응원

사랑이 때로는 위로와 응원이 되기도 해

나도 내가 싫어할 때가 있는데

그럴 때 사랑은 날 안아주며 위로 해주거든

그 위로만큼 더 큰 응원이 없더라

오늘도 너는 나의 위로이자 응원이야

一

사랑스러운 사람

그 사람은 나를 사랑하지만

정작 자신에 대해서는 사랑하는 법을 알지 못했어

그 사람은 사랑스럽고 좋은 사람인데 너무 안타까웠어

어떻게 하면 그 사람이 그 사실을 알게 할 수 있을까?

그 사람을 더 사랑하면 알 수 있을까?

내가 더 사랑하면 알게 되겠지?

얼마나 자기가 사랑스러운 사람이라는 걸

一 사랑하는지 모르겠어

사랑하는지 모르겠다는 생각이 든다면

아직 사랑하고 있는 거라고 생각해

그러면 보일거야

그 사람의 말과 행동 하나에

내가 어떻게 반응하고 있는지

사랑하고 있다면 마음을 느끼게 될거고

사랑하지 않는다면 아무런 마음의 미동도 없거든

그러면 그 때 생각을 정리해도 늦지않아

그러니 아직은 사랑하고 있는 거라고 생각해

— 우리 어떻게 만났지?

언제 어디서

너같은 사람을 만날 수 있을까라고 생각했는데

이렇게 우리가 함께 사랑하고 있다는 것이 꿈만 같아

스쳐지나갈 수 있었던 우리가 마주치게 된 것

서로를 알아보고

무엇인가 끌어당기고 있음을 느끼게 된 일을

무엇으로 설명할 수 있을까?

그 날 기억나?

一

정
때문에

쌓여버린 정 때문에

사랑하는 마음이 바랬음에도

함께 하고 있다면

그건 사랑일까?

一

너의 목소리

지금 내가 가장 듣고 싶은건

"사랑해"

"보고싶어"

"좋아해"라는 말보다

너의 목소리가 듣고싶어

一 마음그릇

사람의 마음속에는 그릇이 있대

그 속에 간직하고 싶은 말을 담으며 살아간대

네 마음 그릇에는 어떤 말들이 담겨 있을까?

이럴 줄 알았으면

더 좋은 말

예쁜 말들을 해줄걸

―
미
안
해

다투게 되면 어떻게 하냐는 말을 많이 들어

물론 나도 다투는 일이 있어

만약 다투는 일이 있게 되면

마지막은 항상 서로의 손을 잡아 주며 우린 화해해

그렇게 같이 걸으면 풀리더라

무조건 손을 잡는건 아니야

그 사람의 손을 잡기 위해

내 손을 내밀며 건네는 말이 있어

미안해

― 모든 것을 다 주지는 마

사랑을 하다보면 모든 것을 주고 싶은게 당연한 마음인데
주위 사람들은 꼭 말하더라
다 주면 후회할 거라고
물론 사랑에 정답은 없어
사람들이 말하는 사랑이 맞을 수도 있지만
적어도 내가 꿈꿔왔던 사랑만큼은
"모든 것을 다 주지마"라는 말에는 동의하지 않아
그렇게 사랑하면 후회만 남는 사랑이 되잖아

―
우리 진짜 잘 맞는다

우린 서로 비슷한 환경에 살아왔다

그래서였을까?

서로 통하는 부분도 많았고

마음도 곧 잘 맞았던 우리는

자연스럽게 사랑을 시작 할 수 있었던 것 같아

그런데 사랑을 하면서 비슷하다고 생각했던 우리인데

서로의 너무 다른 모습들을 보게 되었어

서로 다른 모습에 때론 놀라기도 하고

의외의 모습에 적응이 안 될 때도 있었지만

그 모습들까지도 우린 이해하며 사랑을 했지

비슷한 환경이 우리를 이끌었다고 생각했는데

사랑을 하고 보니

환경이 아니라 마음이 아니었나 싶더라

서로에게 호감이 있고 마음에 두고 있어서

모든 것이 통한다고 생각했고

 마음도 맞춰갈 수 있지 않았을까?

— 너와 나로 채워가는 것

우리가 사랑을 하며
오늘의 시간을 함께 보낸다는건
내 삶의 일부를 그리고 네 삶의 일부를
너와 나로 채워 가는 거야

一

부족함

사랑을 하는데 완벽한 자격을 갖춘 사람은 없어

그러니 지금 내가 가진 부족함 때문에 머뭇거리지 마

부족한건 당연한 일이니까

그리고 네 부족함도

그 사람은 예쁘게 봐줄거니까

一

구름 위

구름 위를 걷는 것 같은 기분을 느낄 수 있는 방법 알아?
맞아 지금 네가 생각하는 그 순간들 있잖아
그 사람과 그렇게 함께 하면 느낄 수 있어
어때? 오늘 구름 위를 걸어보지 않을래?

― 내 첫인상 어땠어?

사실 나는 네 첫 인상이 기억이 나질 않아

오랜 시간 너와 함께 지내다 사랑을 시작해서인지

처음 스치듯 보게 된 네 인상이 기억에 남아있지 않거든

사랑하는 너의 첫 인상을 기억하지 못하는 내가

너무 미안하고 아쉬워

너도 내 첫 인상 기억이 안나겠지?

그냥 난 너의 첫 인상을

웃는 얼굴에 눈이 사랑스러웠다고 기억할래

그 때나 지금이나 너의 모습은 그대로니까

그래도 되지?

어제 그리고 내일

사랑에 아파한 하루를 보낸 사람은 '어제'를 떠올리지만
사랑에 행복한 하루를 보낸 사람은 '내일'을 기다려

一

기적
異跡

사람을 만난다는건 쉬운 일이 아니야

거기다 사람을 만나 사랑을 한다는건 기적과도 같은 일이야

그런데 일단 기적 같은 사랑을 시작하게 되면

만남도 사랑도 익숙해져서

그 기적을 붙잡아 두려고 하지 않아

결국 그러다 소홀해 지거든

그렇게 기적을 바랬으면서

그러니 지금 사랑을 하고 있다면

매일 기적속에 살고 있다고 생각해

지금 그 사람을 만난 것 것도 기적이고

사랑을 한다면

그것은 더 큰 기적이니까

一

일상의 행복

오늘은 특별히 기억에 남는 일은 없는데 기분은 좋아

매일 너와 함께 하는 시간들이 이제는 일상이 되어

특별한 일을 하지 않아도 행복하거든

그래서 지금은 일상의 행복이 너무 좋아

一

放電
방전

몸과 마음이 너무 지쳐버려서 방전이 되버린 날
도무지 아무것도 하기 싫은 날
그저 잠만 푹 자고 싶다고 말하는 날 위해
기꺼이 하루를 배려해주는 네가 고맙다

힘들텐데 깨지 말고
푹자라고 말해주는 너의 포근한 목소리에
잠들어 있는 동안 넌 뭘 하고 있었을까?
오늘 하루 네게 미안하고 고마운 하루를 보낸다

특별한 사람

별일 아닌 일에도

너와 함께 했다는 이유만으로 행복이 가득한 것 같아

특별한 날도 아닌데

네가 곁에 있었다는 것만으로도

기억에 남는 날이 되게 하는걸 보니

너는 그런 능력을 가진 사람인가봐

특별한 네가 평범한 나와 함께라서

늘 내 하루는 기억할 일들이 많은

행복한 날들의 연속이거든

고마워

내겐 너무 특별한 사람

一

스마일

힘들거나 짜증나는 일이 있을 때

서로 얼굴을 마주보면 된다고 그랬지?

서로의 얼굴을 보면

다른 생각을 잠시 잊어버릴 수 있으니까

나 사실 네 얼굴만 뚫어져라 쳐다봤는데

진짜 다른 생각이 안나더라

내 앞에 행복한 네 얼굴을 보니까

나도 마음이 싹 풀리는거 있지?

덕분에 진짜 행복해졌어

이렇게 행복이 내 앞에 있는데 짜증이 무슨 소용있겠어

네 얼굴이나 더 봐야지

더 행복해지려고

一

다
싫
어

진짜 다 필요없어

아무것도 안 할거고 아무도 안 만날거야

오늘은 연락도 싫고 나 혼자 잠수탈거야

모든게 귀찮아

그냥 날 내버려둬

너는 **빼고**

一
든든해

어떻게 이렇게 걱정이 없냐고?

네가 있는데 무슨 걱정이 더 필요하겠어?

난 네가 없으면 걱정하겠지만

네가 있으니 걱정안해

내가 내 곁에 있으면 걱정할 틈이 없거든

모든게 완벽해 보이니까

一
참 많이 아팠다

다시 사랑같은건 하지 않겠다고 결심했다
"사랑 때문에 얻은 상처는 사랑으로 치유한다?"
내겐 사랑에 관련된 모든 것들이 온통 모순덩어리였다
사랑도 사람도 나는 믿지 않았다

지금 너와 사랑하기 전까지는

―

잠들기 전

너와 같이 듣던 노래를 켜고
핸드폰에 저장되어 있는 사진들을 보고
서로 주고받은 메시지를 다시 읽는다

행복한 모습들의 사진과
오랫동안 이어져온 메시지를 볼 때마다
사랑의 흔적들이 남는 것 같아 행복하다

그래서 매일 밤마다
행복에 겨워 잠이드나보다

—

사랑해 좋아해 고마워

사랑했어

좋아했어

고마웠어

우린 이런 말 쓸 일 없을거야

―
너

하루 종일 내 귓가에
사랑한다는 말을 해주는 것도 아닌데
그 사랑을 느끼게 해주는 사람
우리가 더 빨리 만났으면 좋았을걸 아쉬워하는 내게
지금 이 순간 날 만나서 다행이라며 웃어주는 사람
매일 피곤에 지친 내게 말뿐인 힘내라는 응원보다
내게 달려와 손을 잡아주는 사람
늘 사랑만 받아서 미안하다고 말하는 나에게
미안해라는 말 대신 사랑해라고 바꿔달라는 사람

一

연락

사랑하는 사람과의 연락은 항상 신경쓰는게 맞아

그럴 때 있지? 그 사람의 연락을 못 받았을 때

그런데 어떤 사람은 안받아 놓고

못 받았다는 말을 하더라

못 받는 것과 받지 않는 것은 달라

사랑하는 사람의 연락에 못 받는 일은 있어도

받지 않는 일은 있을 수 없어

一

표현

사랑을 꼭 표현해야하냐고 물어보는 사람이 있는데
꼭 표현하는게 맞아
왜냐면 그것만큼 좋은 방법이 없거든
그래서 말과 행동으로 보여지는 표현으로
사랑을 나타내는게 필요해
성격이 소심해서 표현을 못하거나
원래 잘 못한다고 하는 사람도 있어
못할 수도 있어
그래도 사랑하는 사람에게 할 수 있는 표현의 노력은
해주는게 당연하지 않을까?
잘 못한다고 어색하다는 이유로 표현해 주지 않으면
어쩌면 상대방은 그러는동안
사랑을 확인할 수 없으니 지쳐가는지도 몰라
그러니 좋으면 좋아해 보고싶으면 보고싶어
이런식의 말 한마디부터 표현해보는게 어떨까?

一

힘
든
일

아무리 피곤해도 잠깐이라도 보고 가야겠다는 너
먼 거리를 오가는 피로와 힘듦보다
보지 못하는 힘듦이 더 크다며 한숨에 달려오는 너
널 만나고부터 진짜 힘든 일이 바뀌었어

一
함께하자

내일도 모레도 내년에도 계속 내 옆에 있을거지?
앞으로의 일들만 생각하자
절대 지난날을 떠올리며 그 속에 네가 있는게 싫거든
그러니 지난날이 아닌 앞으로의 내 삶에 항상 있어줘야해

― 변했나봐

처음 느꼈던 설렘이 사라졌다고 사랑이 변했다 생각하지마

서로에게 익숙해졌다고 모든게 당연해질거라 생각하지마

비록 설렘은 없지만

그 누구보다 편안한 존재가 되어 내 앞에 있잖아

서로에게 익숙해져서 내 마음을 알고

눈빛만 봐도 내 기분까지 아는 사람이니까

알겠지?

변해버린게 아니야

이전과 다른 내 사람으로 변한거야

一

밤하늘

밤하늘에 아무것도 떠 있지 않아도 크게 상관은 없어

하늘을 보며 달과 별을 보는게 아니거든

밤하늘을 보며 네 생각을 할 거라서 말이야

내겐 하늘에 무엇이 있든 상관이 없어

그저 밤하늘은 널 생각하게 하는 배경일 뿐이니까

맛집탐방

음식이 나오면 늘 첫 입은 내 몫이었다
내가 먼저 먹지 않아도
늘 내 입에 넣어주는 네 덕분에
늘 맛있는 음식은 내가 먼저 먹었다
내가 먹는 모습을 바라보는 너의 얼굴에는
미소가 한가득 찼다
함께 있어 기분이 들뜬 표정으로
내가 한 입을 다 먹을 때까지 바라봐준다
내 입에 넣어주고 나를 바라보는 일
첫 입에 음식이 어떤지를 설명한다
그렇게 우리는 식당에가면 똑같이 행동했다
아, 그리고 빼놓지 않고 했던 한마디
"뜨거우니까 천천히 먹어"

―
사랑하면 다 되는 줄

어릴적부터 바라본 부모님은
모든 일에 괜찮다고 말해주셨다
내가 사고 싶은 것 하고 싶은 것이 무엇이든
다 괜찮다며 지원해주셨다

하루의 일을 다 마치고 들어오셔서도
피곤하지 않으시다는 말에 진짜 괜찮으신줄 알았다
평생을 함께 살고 계시는 두 분의 모습을 보면서
사랑을 하면 모든게 다 괜찮아지는 마법처럼 느껴졌다

그런데 지금 내가 사랑을 하고 어른이 되어보니
저절로 괜찮은건 하나도 없었다
참고 견디고 맞춰주고 이해하는 일이 없이는
사랑한다는게 쉬운 일이 아니었다

진작 알았더라면 좋았을걸
사랑은 모든걸 괜찮게 만들어 주는 마법이 아니라는걸
모르고 살아왔다

一

무관심

원래 사람은 그래

내가 아닌 다른 사람의 일에 관심을 두지 않아

그런데 사랑을 하게 되면

내가 사랑하는 그 사람의 일에는

내 일처럼 관심을 갖게 되지

신기하지?

사랑을 한다고 해도 그 사람이 내가 되는건 아닌데 말이야

一

네가 먼저

매일 우울한 말을 해도

언제나 웃을 수 있게 만들어 주는 너

너도 많이 우울하고 힘들 때가 있었을텐데

늘 내가 먼저라고 말하며 나를 사랑해주던 너

우리 서로에게 늘 우선 순위가 되어주자

너에게 내가 먼저

나에게 너가 먼저가 되도록

하늘이 가장 예쁠 때

하늘이 가장 예쁠 때가 언제인줄 알아?

사람들은 노을에 물든 하늘을 예쁘다고 말하는데

사실 나는 그렇지 않아

하늘을 언제 보든지

너랑 같이 올려다 보는 하늘이 제일 예쁘거든

하늘이 주인공이 아니라

내게 주인공은 언제나 너니까

一

두
려
움

연애 초반 사랑하는 모든 시간들이 행복하기만 했다

그러다 시간이 지난 뒤에

내가 지금 사랑하고 있는 것이 맞나하는

두려움이 밀려올 때가 있다

그럴 때 필요한 것은 사랑을 확인하는 것이 아니라

바라봐주는 것이 필요하다

지금 내 앞에 나를 사랑하는 그 사람을 바라보면

사랑에 대한 의심도 두려움도 사라지게 될테니까

―

있잖아

우린 헤어진다는 생각이나

그런 상황을 혹시나 하는 말이라도 하지 말자

사랑하려고 함께 하는거지

헤어지려고 사랑하는게 아니잖아

一

기분좋은 생각

그 사람이 없으면 하루를 사는 것도 아프겠지?

그래도 시간이 지나면 살아갈 수 있겠지?

가끔씩 이런 생각을 할 때가 있어

네가 내 곁에 없게 된다면 어떨까 하는 생각

생각만 해도 아프더라

시간이 약이라고 시간이 지나면 아픔이 줄어들지는 모르지만

그래도 많이 힘들 것 같아

그래서 괜히 그런 생각을 했나 하고 후회가 되더라

이제 그런 생각보다

너랑 어디를 갈지 어떤 일들을 같이 해나갈지

이런 기분좋은 생각들만 할래

내 생각 속에 네가 없는게 너무 슬프거든

늘 네가 있어야 기분좋은 생각을 할 수가 있어

一

함께

많은 사람들이 이별을 하게 되면
항상 자신 때문에 헤어졌다고 자책을 한다
반대로 사랑을 하게 되면 상대방으로 하여금
사랑을 하고 분에 넘치도록 받고 있다고 느낀다
하지만 함께 했으니 사랑을 할 수 있고
함께 돌아섰으니 이별을 맞이한 것이니
자책하지 말고 분에 넘치는 사랑이라 느끼지 말자
사랑도 이별도 함께 결정하는 거니까

행복

사랑하는 동안 행복한 모습을 보이려 하지 말고

진짜 행복했으면 좋겠다

一

모든 걸 다 줄게

누구나 사랑을 할 때 모든 걸 다 줄만큼 사랑한다고 말한다
무슨 이유 때문일까?
이별하지 않기 위해서?
더 사랑하기 위해서?

특별한 날

"무슨 꽃이야? 오늘 무슨 날이야?"
"응. 오다가 예뻐서 샀어. 받아."

오늘은 아무 날도 아닌데
그 사람이 꽃을 사들고 내 앞에 나타났다
아무 날도 아닌 날을 특별한 날로 바꿔주는 너를
사랑하지 않을 수가 없다

一

고
맙
다

우리는 참 많이 닮았다

사랑하는 동안 너무도 다른 우리가

이렇게 닮게 된 걸 보면

그동안 함께 했던 시간과 마음을 나눴던 사랑이

얼마나 우리를 변하게 했는지 새삼 놀라게 한다

시간도 사랑도 너도 고맙다

어느 하나라도 어긋난 것이 있었다면

여기까지 올 수 없었을테니까

참 예쁜 마음

우리는 서로 마음을 표현하는 일에 적극적인 편이다

하지만 마음을 표현하면서도

'해줄 수 있는게 이것 뿐이라서' 라는

생각이 들어 이내 미안한 마음도 표현한다

사랑을 시작할 때

서로만 있으면 아무것도 필요 없을거라 생각했는데

사랑을 하고 보니 모든 걸 줘도 부족한게 사랑인 것 같다

주고도 부족함을 느끼고 미안함을 느끼는

참 예쁜 마음

一

행복하자

우리 예전을 그리워하지 말자
지나간 우리 사랑의 시간들보다
지금이 더 행복해서
그리워할 틈이 없을만큼 행복하자
앞으로 찾아올 우리의 시간들은 더 행복할거니까
오늘 그리고 내일을 생각하면서
더 행복하게 사랑하자

一

아
쉬
운
일

집 근처에 도착해서 마지못해 손을 놓는다
그러다 다시 손을 잡고 동네를 걷는다
어제도 봤고 오늘도 보고 내일도 보게 될텐데도
헤어지는 순간은 늘 아쉽다

매일 보는것과는 상관없이 헤어짐이 속상해서일까?
지금 같이 있는 너의 손을 놓아야 하는 시간이 찾아오는건
매번 아쉽기만하다
매번 반복해도 적응할 수 없는 일
너의 손을 놓는 일
너를 집에 들여보내는 일

―

좋아 죽겠어

"네가 정말 좋아 죽겠어!"

이런 말을 해주는 너를

어떻게 사랑하지 않을 수가 있겠어?

一

사랑할 수 있는 기회

사랑할 수 있는 기회를 잡았더니
행복이 찾아오더라
나 잘했지? 기회를 놓치지 않았으니 말이야
사랑이 왔을 때 고민이 되긴 했어
이 기회를 잡아야 하나 보내야 하나 했거든
지금 생각해보면 그런 고민을 왜 했나 싶어
이렇게 행복이 가득한 사랑인데

―

당연함

우리는 함께 하는 것이 당연했다

지금 마주보고 있는 것

손을 잡고 걷는 것

함께 밥을 먹고 주말을 같이 보내는 일이 당연했다

그 속에서 느껴지는 편안함이 나는 좋다

편안함이 익숙함으로 변해서

혹시라도 마음을 바라보는 일을 소홀히 되지 않을까

늘 조심하고 또 조심한다

사랑하는 사람과의 함께하는 일들이 당연하게 될 때

그 속에서 느끼는 편안함은 또 다른 행복이다

말하지 않아도 내 필요를 알고

내 마음을 만져주는 그 사람이 있기에

一

버
티
지
마

사랑은 그저 버틴다고 이어갈 수 있는게 아니야

분명 끝내야 할 때가 왔음을 직감하면서도

버티다 보면 상황이 달라질거라 생각하지만

버틴다고 해서 해결이 되지는 않으니까

변해버린 그 사람을 보면서도

버틴다는 이유로 날카로운 화살을 혼자서 다 막아내다 보면

결국 남는건 상처뿐이야

사랑하는 사람은 상대를 혼자 버티도록 내버려두지 않아

그러니 혼자 버티지마

애쓰지마

― 너에게 난 뭐야?

난 너에게 어떤 존재일까?

가끔 이런 생각이 들 때가 있지?
이 질문에 답을 알 수 있는 가장 정확한 방법이 있어
바로 물어보는거야
이런저런 말과 행동으로 추측하지 말고
함께 차를 마시며 물어보는게 가장 정확하거든
사랑하는데 내 생각만으로 찾을 수 없어
그 사람의 마음을 알고 싶다면
그 사람에게 물어보고 그렇게 답을 듣고 대화하다보면
그 사람에게 나의 의미를 알 수 있게 될거야

최선을 다해

우리 함께 할 수 있는동안 최선을 다해 사랑하자

물론 우리가 나중에 어찌된다거나

그런 생각을 하는건 아니야

단지 지금 우리가 사랑하는 순간만큼은

다른 생각할 틈도 없을만큼 최선을 다해 사랑하자

후회가 남지 않을만큼

그렇게 우리 최선을 다해 사랑하자

一

너라서 좋다

피곤한 하루를 보내고 집에 들어왔는데

가장 먼저 생각나는 사람이 너라서 좋다

오늘 하루를 어떻게 보냈는지

이제 저녁은 무엇을 먹는지

이야기해주고 싶은 사람이 너라서 좋다

별일 없는 하루를 보내고

특별한 이야기거리가 없어도

그저그런 말들을 할 수 있는 사람이 너라서 좋다

一

지금이 참 좋아

원래 사랑이라는게 그래

내가 준만큼 받지 못하는걸 알면서도 사랑을 주게 되거든

사랑을 하면 날마다 행복한 일만 있지 않다는걸 알면서도

함께 하는 게 사랑인것도 알아

이젠 사랑이라고 하면 구름 위를 걷는다거나

환상에 사로잡히지 않지만

그래도 사랑을 하는 지금이 참 좋아

너라는 사람과 사랑을 해서 그런가봐

一

궁금하다

사랑을 하면 할수록 쉬운 일이 아니라는게 느껴진다

사랑하나로 충분하지 않다는 것을 하루하루 지날수록

새삼 깨닫게 된다

앞으로 들이닥칠 일들이 겁이 나기도 하지만

지금 우리가 함께 하는 한

그래도 쉽지 않은 이 사랑을 이어나갈 수 있지 않을까?

그런데 궁금하다

어디서 그런 힘이 나오는걸까?

―
너에게 받는 사랑이 좋다

지금껏 늘 주는 사랑을 해오는 동안

지치고 아팠던 시간들을 마치 보상이라도 해주는 듯한

너의 사랑이 좋다

사랑을 받은만큼 너에게 사랑을 주고싶다

아니 받은 사랑보다 더 큰 사랑을 주고싶다

사랑을 주는 것이 얼마나 어려운 것을 알기에

우리 서로 사랑을 주고 받으며

그렇게 더 줄 수 없어서 아쉬워 할 만큼 그렇게 사랑하자

아쉬울 때마다 드는 생각들

늘 이런 생각을 하곤 해

우리가 더 빨리 만났더라면 하는 마음이 들 때마다

아쉬워서

'왜 이제야 내 앞에 나타난거야?'

'왜 우리는 긴 시간을 뒤로하고 지금에서야 만났을까?'

'왜 나는 너를 그동안 알아보지 못했을까?'

一 사소한 말들

사소한 말 한마디에 행복을 느낀다

"잘 잤어?"

"얼른 아침먹어야지."

"출근 준비해."

"점심 뭐먹어?"

"퇴근까지 힘내"

"이따봐"

"오늘도 예쁘다."

"목소리 듣고싶다."

"잘자"

"내일봐."

"사랑해"

一

비
온
다

빗방울이 떨어지기 시작한다

"비온다. 우산 잘 챙겨."

연락이 왔다
작은 빗방울에도 너는 나를 생각하고 있었구나
빗방울 덕분에 너의 마음을 확인한 날
날은 흐리지만 마음은 행복한 날

변함 없는 마음

작년과 올해 그리고 어제와 오늘

서로의 모습도 시간이 흘러 변해왔지만

사랑하는 마음은 늘 그대로임을 느낄 때가 있다

바로 매일 아침 안부를 묻는 메시지와

잠들기 전 목소리를 들려주는 일

이 두 가지는 처음 그 날부터 지금까지

빼먹지 않고 하는 일이다

시간이 지나도 변함없는

이 두 가지 일로 인해서

우리는 많은 것들이 변했지만

마음만은 변하지 않도록 지켜주는 힘이 된다

― 니 생각 중이야

눈을 뜨자마자 생각나는 사람

핸드폰을 확인 했을 때 메시지가 와있으면 하는 사람

좋아하는 향기를 맡았을 때 생각나는 사람

피곤에 지쳐있는 몸을 맡기어 안기고 싶은 사람

사랑해 라는 말 뒤에 이름이 생각나는 사람

一

얼굴 보여줘

얼굴 보여줘라는 말이 무슨 말인 줄 알아?

얼굴 보는 것으로도 충분하다는 말이야

너와 한 공간에 있는 것만으로도 충분하다고 느껴지거든

많이 보고싶었던 네가 나와 함께 있을 때

그것만으로 충분해

손을 잡지 않아도

커피를 마시지 않아도

그저 같이 있는 것만으로도 너무 좋아

정말 보고싶었거든

一

걸음을 멈췄을 때

사는게 힘겹고 버거워 걸음을 멈췄을 때

사랑하는 네가 없었다면 아마 그 자리에 주저 앉았을거야

그 길에 멈춘 내 곁에

같이 걸음을 멈춰 손을 잡아주고

다시 걸을 수 있도록 응원해준 네가 있어 여기까지 왔어

난 여전히 멈추는 것만 네 손을 잡는 것만 할 줄 아는 것 같아

그래도 이런 내 곁에서

함께 걷고 멈추고 잡아주는 네가 있어 행복해

一

대
화

매일 반복되는 데이트를 하다가

어느 날은 서로가 깊은 대화를 나눌 때가 있었는데

그렇게 이야기를 하고나면

'아 그런 마음이구나' 라고

네 마음을 알 수 있어서 좋았어

그 어떤 데이트보다

깊은 대화가 우리의 감정을

더 깊게 만들어 주는 것 같아

一

지금의 우리

우리 하고 싶은거 다 하면서 살자

미래를 위해서 지금의 사랑을 아끼지 말자

미래를 준비하는 것도 좋지만

하고 싶은 것들을 전부 포기하면서까지 그렇게 살지말자

지금의 우리가 더 소중하니까

지금부터 행복하게 사랑하자

一

탓하기보다 걱정해주는 것

서로를 탓하기보다

사랑하는 사람이 속상해 하지는 않을지 걱정해주는 것

사랑하는 사람을 위해 해야 할 일

괜찮은 척

너에게 괜찮다고 했던 하루가 있어

매일 투정부리는 내가 한심했거든

그런 나를 넌 항상 받아줬으니까

그래서 그날은 괜찮은척 했던거야

그러면서 네 마음을 생각해봤어

늘 이런 나를 받아주던

네 마음은 얼마나 힘들었을까 생각이 들었거든

그런 생각을 하고나니까

오히려 내 마음보다 네 마음이 걱정되더라

늘 너로인해 내 마음이 괜찮아지는 동안

네 마음은 내 앞에서 괜찮은척 했던건 아닌지

우리의 흔적

꺼내기 싫은 기억이 아닌

매일 추억하고 싶은 기억들로 남겨가자

볼수록 가슴 아프게 하는 사진이 아닌

볼 때마다 웃게만드는 사진들로 남겨두자

지나간 시간은 다시 되돌아오지 않지만

우리의 남겨진 흔적들 만큼은

행복으로 가득 채우며 살아가자

一

어렵게 시작한 사랑

사랑을 시작하기 전에는 수많은 말들로 마음을 표현하지만
사랑을 끝낼 때는 헤어지자는 말 한마디면 된다
사랑이라는게 시작이 어렵지 끝은 정말 허무하리만큼 쉽다

그래서 말인데
우리 어렵게 시작한만큼 허무하게 끝나지 않도록 지켜가자
지금도 내 마음을 무슨 말로 다 표현해야 할지 모르겠지만
그래도 매일매일 표현하려고 노력할테니
우리 정말 끝까지 지켜가자

一

마음을 맞추는 일

하루 종일 사람들의 마음을 맞추다보면
이내 내 마음은 심하게 지치고 울적하기까지 하다
그렇다고 그런 일에 서투른 것도 아니지만
역시 인간관계에서 마음을 쓰는 일이 여간 쉬운 일이 아니다

네 앞에서 기분좋은 마음으로 함께 하고 싶은데
오늘도 여전히 울적해져버린 마음을 안고 널 만난다
네 앞에서만큼은 마음을 맞추려고 노력하지 않아도
포근함이 느껴진다
이런 내 마음을 알고 어느새 나에게 마음을 맞춰주는
네 덕분이겠지

一

모든 일에는 끝이 있다

우리의 삶도 사랑도

결국은 끝을 향해 달려간다

조금은 서글프지만 괜찮다

그 끝을 너와 함께 가고 있으니 좋다

一

포기하지마

포기하고 싶을 때도 있었지만

포기라는 말을 꺼내지 않았다

우리의 어려운 시간을 지나

그 때 포기라는 말을 입 밖으로 내뱉지 않았던 것이 다행이다

만약 사랑을 포기해버렸더라면

지금의 행복도 없었을테니까

一

예민함

예민한 성격일수록 더 미안해하면서 자신을 탓한다

미안해 하지 않아도 괜찮다

자신을 탓할 필요도 없다

사랑에 예민함은 문제가 될 수 없으니까

그 사람은 너의 예민함까지고 이미 알고 사랑하고 있을테니

더 이상 미안해하지도

자신을 탓하지 않아도 괜찮다

一

변하지 않을게

변하지 않겠다는 약속을 쉽게 하지 않았으면 좋겠어

사람이 변하는건 당연한 일이니까

물론 노력이 필요한 것도 알아

그렇게 노력하면서 사랑하자

변하는 모습들은 변하는 그대로 인정하면서 살자

대신 사랑하는 마음 하나만 변하지 않으면 되니까

두근거림

내 삶에 두근거림을 깨닫게 해준 사람이 바로 너야

시간이 지나도 여전히 두근거리는 마음이 계속 되는걸 보면

처음 느꼈던 그 때의 설레임들이 아직도 남아 있어서 그런가봐

지금도 설레임 가득안고 너에게로 가는 중이야

오랜 시간이 지나 이런 마음이 사라진다 해도 괜찮아

그땐 설레임이 아닌 널 향한 다른 내 마음들로 가득 찰테니까

일단 지금은 계속 두근거리며 살게

마음을 통하는 사이

길가에 전봇대에 얽힌 전선들을 보니까 참 복잡하더라

그렇게 복잡하게 얽혀있는 선들이

다들 제각각 연결이 되어 있어서

전기가 통하는걸 보면

제 아무리 복잡하게 얽힌 사람들 속에서도

마음이 통하는 사람이 있기 마련인가봐

그 많은 사람들중에

우리가 이렇게 마음을 통하는 사이로 살아가는게

마치 전봇대에 얽혀있는 전선들 중에 하나처럼 보였거든

비 오는 날

사실은 나 비오는거 싫어했는데 지금은 아니야

비오는 날 같이 우산 쓰는 것도 좋고

카페 창가에 앉아서 창밖을 바라보는 것도 좋아

차에서 빗소리를 배경삼아 이야기 하는 것도 좋더라

아 그리고 비가 올 때면

늘 우산은 챙겼는지 비는 맞지 않았는지

걱정해주는 것도 좋아

그래서 비오는 날이 좋아

기억

우리 함께 하는 시간동안

너의 기억엔 어떤 일들이 남아있을까?

우리 첫 만남? 아니면 처음 생일을 함께 보낸 날?

겨울바다 보러 갔던 일?

아 2시간동안 기다렸다가

겨우 자리가 나서 먹었던 맛집도 기억난다

그러고보니 기억에 남는 일들이

전부 함께 했던 시간들이구나

함께였기에 남아있는 소중한 기억들

사랑의 목표

행복은 삶의 목표가 되기도 하지만

사랑의 목표가 되기도 해

우리가 사랑하는 오늘 하루의 목표는 거창하지도 않고

특별하지도 않아

그저 우리 서로 사랑하는 이 하루가 행복하면 되는거니까

그렇게 하루가 모이고 삶을 이루면

우리도 사랑하면서 삶의 목표를 이룰 수 있겠지?

一

노력

우리가 사랑하는 일이 당연하지만

그래도 꼭 서로에 대한 마음을 지키기 위해

노력하는 일만큼은 잊지 말자

서로를 잘 알고 이젠 서로에게 당연해진 것들도 많이 있지만

마음을 지키는 일만큼은

항상 당연함이 아닌 노력하는 우리가 되었으면 좋겠어

一

보고 싶은 마음

힘들어

단지 이 세글자를 보냈을 뿐인데
만반의 준비를 하고 온 너였다
그냥 오늘 하루동안
일도 짜증나고 되는 일도 없고 그래서
네가 너무 보고싶은 마음에 힘들다는 말을 보낸건데
그 사이 너는 내 기분을 달랠 준비를 했구나
힘들다는 말 이제 함부로 쓰지 않을게
힘들다는 말보다 앞으로 오늘같은 날에는
보고싶어 라는 말로 대신할게
지금 내 마음에 짜증도 힘든일도 있지만
제일 크게 자리잡고 있는 마음은 보고싶은 마음이거든

一

민어

지금도 니가 보고싶은 것처럼

너도 내가 보고싶을거라고 생각해

내가 보고싶고 사랑하는 만큼 너도 그럴거라 믿거든

그래서 사랑할 수 있는 것 같아

내가 너를 더 많이많이 사랑하면

너도 나를 그만큼 사랑할테니까

그래서 그런지 항상 어제보다 오늘

더 많이 사랑하려고 노력하게 되더라

사랑하는 이유

사랑하는 사람들이 이별의 때가 왔을 때

온갖 핑계들을 말하게 되는 것을 봤어

그렇게 서로에게 머물러 있기 위해

수 만 가지 사랑하는 이유를 찾더니

그 이유들은 온데간데없이 사라져 버리더라

그냥 사랑하지 않는다는 말 한마디면 될텐데

그래서 난 매일 너를 사랑하는 이유들을 생각해

이렇게 사랑하는 이유들을 생각하고

새로운 이유들을 찾게 될 때면

너의 새로운 모습을 보게 되거든

사랑하는 이유들을 매일 생각하고 생각하다보면

사라져버릴 일이 없겠지?

난 앞으로도 계속 이별의 때가 오지 않도록

사랑하는 이유들을 찾을거야

사랑에는 이유가 없다고 하지만

생각해보면 널 사랑하는 이유들이 너무나도 많이 있거든

一

다툼

우리가 한번씩 사소한 다툼이지만

그 때마다 너는 그래도 내 걱정을 해줬었지

너랑 다투고 나서 내가 말이 없을 때

너는 여전히 밥 잘 먹었는지

우산은 잘 챙겼는지 걱정을 해주었어

그리고 꼭 마지막 말로 미안해라고 먼저 손을 내밀었어

다툼이 깊어지지 않도록 늘 배려해줬고

그 속에서 사랑하는 마음을 느낄 수가 있었어

그래도 다투지 않도록 더 노력할게

미안하고 고마워

시간이 약이야

시간이 약이야

바쁘게 지내면 괜찮아

사람들이 해주는 위로의 말들로는 효과가 없었어

내 안에 있던 상처에는 결코 시간도 바쁜 일상도

아무런 도움이 되지 않았거든

그런데 널 만나고 아물지 않을 것 같던 상처들이

어느새 아물게 되고 이젠 그 위에 새 살이 돋아나 말끔해진 것 같아

신기하더라

지나간 사랑에 받은 상처는 결국 사랑으로 낫는다던데

그 말이 맞긴 맞나봐

그 사랑이 다른 사람이 아닌 너라서 좋아질 수 있었나봐

시간이 약이라는 말

바쁘게 지내면 괜찮아라는 말에 빠진게 있다는걸 이제 알았어

내겐 너와 함께 하는 시간이 약이라는 것

너와 바쁘게 사랑하며 지내면 괜찮다는걸 말이야

一

어떤 모습이든

내가 사랑하는 너의 모습은 지금도 충분한데

너는 스스로를 부족한 사람이라고 생각하더라

그래 네 생각처럼 네가 부족한 사람이라 생각해도 괜찮아

충분한 너를 사랑하고 있고

부족한 너의 모습이라 할지라도 사랑할거니까

어떤 모습이든 난 괜찮아

一

기
다
림

바람이 차다

그래도 기다림이 즐겁다

무엇 때문에 이렇게 기다림이 즐거울 수 있을까?

기다림 속에 갈등하지 않고

오로지 너만 기다릴 수 있는 내가 신기하다

너를 이만큼 좋아해서 그런가보다

너와 함께 하고 싶은 마음이 너무 커서

바람이 불어도

비가와도

기다림이 즐거운 일이 되었다

一

믿을게

믿는다는게 무슨 뜻일까?

사랑하는 사람을 신뢰하는 의미로 믿는 다고 하는 걸까?

아니면 변함없을 우리의 사랑을 믿는 것일까?

사람을 믿던지 사랑을 믿던지

둘 다 변함없기를 바라는 마음은 똑같구나

一

조금만

네 옆에 내가 있어

넌 혼자가 아니야

내가 혼자서 끙끙 앓고 있을 때면

서운한 목소리로 내게 말을 건넨다하지만

내가 감당해야 할 몫을

너에게 까지 짊어지게 하고 싶지 않았다

안다

혼자가 아니라는 것도 늘 내 옆에 네가 있다는 사실도 안다

하지만 항상 좋은 모습만 보여주고

좋은 것들만 주고 싶은 내 마음도 알아 줬으면 좋겠다

그래서 네가 말하는 의미를 알면서도

나 혼자 끙끙 거리면서도 하고 있다

네가 건낸 그 말이 사실은 지금 내가 걸어갈 수 있는 힘이 되고 있다

그러니 조금만 기다려주면 좋겠다

나도 아무리 힘들고 어려운 일이 있어도

네 옆에 언제나 있을 테니까

一

내가 사랑하는 너는

여러 마디의 가벼운 말이 아닌

말 한마디에도 따스함이 느껴지는 사람

바라봐주는 것만으로도 힘이 되어주는 사람

넓고 깊은 마음에

언제나 뛰어들어도 넉넉히 품어주는 사람

서로의 차이를 인정하지만 마음을 같이 해주는 사람

우리가 시작한 이 사랑에 책임질줄 아는 사람

책임

사랑에는 책임이 필요해

인생이 바뀔 수 있는 일이니까

사랑 때문에 평생 행복한 삶을 살게 되는 사람도 있고

사랑 때문에 평생 상처를 안고

힘겹게 살아가는 사람도 있으니까

지금 네가 하는 그 사랑에 책임질 수 없다면 다시 생각해봐

너를 바라보는 그 사람이

너로 인해 인생이 바뀔 수 있는 갈림길에 서있으니까

운명 같은 인연

매일 밤마다 기도해

지금 내 앞에 네가 내 운명이 되게 해달라고

평생 우리 함께 하는

운명 같은 인연이 되어 사랑하게 해달라고

一

걱
정

걱정한다고 해결되는 것은 없지만

그래도 내 옆에 꼭 달라붙어서 걱정해주는 널 바라볼 때면

이미 다 해결된 것 같은 느낌이야

사실 그래서 네 앞에서 투정부렸던 건데

고마워

一 그걸로 괜찮아

지나간 사랑에 아파는 하지만 후회는 하지 않아

후회가 남을 만큼 사랑하지 못 했던게 아니니까

아무런 후회도 미련도 남아있지 않을만큼 사랑했으니

난 그걸로 괜찮아

그래서 지금의 사랑에도 최선을 다 할 수 있게 되었으니까

一

고민 또 고민

사랑하는 사람에게 내 마음을 표현하기 전
몇 번이고 어떻게 생각할지 고민하고 또 고민했어
그래서 이런저런 고민 끝에 결정하고 표현했는데
생각해보니 굳이 그렇게 애쓸 필요가 없었던 것 같아
내가 그렇듯이
너도 내 마음을 있는 그대로 받아주고 있으니까
그런데 난 늘 내 마음이
더 예쁘게 비춰지길 바라는 마음에 항상 고민했거든
차라리 고민할 시간에 더 마음을 표현해 보려고 해
우리의 시간은 늘 부족하기만 하니까

一

소소한 행복

사랑을 시작 한 후로 소소한 행복에 대해 알게 되었어

아침에 눈을 뜨면 너에게 온 메시지를 확인하는 것부터

먹는 것 입는 것 생각하는 것까지

너와 공유하며 살아가고 있으니까

이전에는 생각없이 여겨지던 별거 아닌 일에도

행복한 의미들을 부여하고

너로 인해 세상이 돌아가는 것처럼 여겨진다고 해야하나?

그래서 네가 있는 내 세상 모든게 행복이야

내가 아끼는 사람

살아가면서 마음으로 아끼고 사랑하는 사람들이 있지만

그중 가장 함께 하고 싶은 사람이 바로 너야

다른 사람들은 마음으로 아끼고 사랑할 수 있지만

넌 마음뿐 아닌 늘 내 곁에 함께 하면서 표현하고 싶거든

— 내가 더 사랑하는 것 같아

연애 초반엔 그랬어

너에게서 연락이 몇 시간동안 없거나

내가 먼저 연락하지 않으면 오지 않을 때

'아, 이 사람은 나를 생각하고 있지 않나?' 라는 생각을 했어

그리고 먼저 연락하는 내 자신이

더 사랑한다고 생각을 했어

우리가 함께 해 온 시간이 제법 지난 지금은 알아

그 때나 지금이나 넌 연락할 수 있는 시간엔 최선을 다했다는 걸

그리고 너도 나만큼 내 연락에 행복해 했다는 사실을 말이야

서로의 생활 패턴이 달라서 그랬다는 걸 알고부터는

너의 마음이 눈에 보였거든

내가 더 사랑한다고 생각했는데

어쩌면 나보다 네가 나를 더 사랑해주는 것 같더라

그땐 왜 그렇게 생각했을까?

내가 너보다 더 사랑한다고 생각했으니 말이야

미안해 그리고 고마워

매일 너의 연락에 너무나 큰 사랑을 확인하거든

다시 사랑할 수 있을까?

사랑하는 사람을 품에 안았을 때
따스함이 느껴지지 않았다면
사랑하는 사람의 손을 잡았을 때
거칠어진 생각이 들었다면
사랑하는 사람의 목소리를 들었을 때
다른 바쁜 일이 떠오른다면
사랑하는 사람의 걱정이 귀찮은 잔소리로 들려진다면
사랑하는 사람의 생일에 아무런 준비없이
급히 준비하고 있다면
그 땐 사랑이 끝났다고 생각하기 마련이야

과연 그럴까?

그럼에도 그 사람은 나를 사랑하고 있었어

나는 느끼지 못하지만

내 품안에서 따스함을 느끼고 항상 손을 잡아 줬거든

늘 내가 바쁘다고 급하게 전화를 끊으려고 해도

항상 내 걱정만은 잊지 않았어

생일에 아무런 준비도 없이

그저 급하게 고른 선물을 받아 들고서도

누구보다 행복한 미소로 답해주었던 사람

나는 끝이라 생각했지만 끝이 아니었어

끝났다고 생각했던 내 마음에

나를 사랑하는 그 사람이 보이더라

제대로 안아주지 못했고 손 한번 잡아주지 못했는데

모든걸 당연하게 여기며 살아와서

내 마음대로 끝낼 때가 된 것인 줄 나 혼자 착각했어

다시 사랑할 수 있을까?

있는 그대로 사랑하자

세상에서 제일 복잡한 것이 있다면
사람의 마음인 것 같아
자신도 모르게
한 사람을 향한 마음이 뜨거워지는가 하면
아무도 모르게 식어져 버리기도 하잖아

복잡한 마음을 가진 두 사람이 만나
사랑을 한다는 것 자체가 기적과도 같은 일이야
내 마음도 복잡해서 알기 어려운데
사랑하는 사람의 마음도 살펴야 하는 일이란
정말 쉽지 않은 것 같아

있는 그대로 사랑하라는 말이 있잖아
복잡한 마음을 꺼내볼 수 없으니까
그저 있는 그대로 하나씩 하나씩 사랑하게 되면
복잡한 마음도 언젠간 다 알 수 있지 않을까?

지금 당장 사랑하는 사람의 마음이 이해되지 않을 때가 있지만
언젠간 그 사람의 복잡한 마음도 이해할 날이 오게 되지 않을까?
지금 우리는 기적과 같은 일을 해내고 있으니까

처음 사랑했던 그날처럼

2019년 7월 00일 초판 1쇄 발행

발행처　　(주) 보고미디어
발행인　　윤호병

지은이　　김선민
디자인　　이순주, 이수빈
콘텐츠 기획

출판등록　　제2014-000012호
주소　　　서울시 구로구 구로디지털로 33길 55, 이앤씨벤쳐드림타워2차 508호
대표전화　　1544-7126
팩스　　　02-2278-8817

정가　　　값 12,000원
ISBN　　　979-11-7006-350-6

ⓒ 주식회사 보고미디어, 2019
이 책은 저작권법에 따라 보호를 받는 저작물이므로 무단복제와 무단전재는 법으로 금지되어 있습니다.
이 책 내용의 전부 또는 일부를 이용하려면 반드시 저작권자와 보고미디어의 서면동의를 받아야 합니다.

잘못된 책은 구입하신 곳에서 교환해 드립니다.